Die BUCKET LIST für Ehepaare

200 DINGE, DIE IHR NACH DER HOCHZEIT TUN KÖNNT

AUDREY STEPHENS

Copyright © 2021 Mandelun GmbH

Alle Rechte vorbehalten.

Autorin: Audrey Stephens

Lektorat: Eva Fischer

ISBN Taschenbuch: 9798689867304

Mandelun GmbH

Hindenburgstraße 26

Erlangen, 91054

Attributions: Icons von Freepik aus www.flaticon.com

Verkauf und Druck: Amazon Media EU S.à r.l., 5 Rue Plaetis, L- 2338, Luxembourg

Das Werk, einschließlich seiner Teile, ist urheberrechtlich geschützt. Jede Verwertung ist ohne Zustimmung des Autors unzulässig. Dies gilt insbesondere für die elektronische oder sonstige Vervielfältigung, Übersetzung, Verbreitung und öffentliche Zugänglichmachung.

Bibliografische Information der Deutschen Nationalbibliothek: Die Deutsche Nationalbibliothek verzeichnet diese Publikation in der Deutschen Nationalbibliografie; detaillierte bibliografische Daten sind im Internet über http://dnb.dnb.de abrufbar.

Diese Bucket List gehört

_____

&

_____

EIN FOTO VON UNSEREN SEXY VERHEIRATETEN ÄRSCHEN

Über uns:

Wann haben wir geheiratet?

Wann sind wir zusammengekommen?
_____

Unsere Spitznamen:

1. _____

2. _____

Unser verrücktestes Erlebnis:
_____
_____
_____
_____
_____
_____
_____
_____
_____
_____

DAS MÖGEN WIR ANEINANDER:

_____   _____
_____   ♡   _____
_____   _____

DAS MÖGEN WIR ANEINANDER NICHT:

_____   _____
_____   ✖   _____
_____   _____

WIR HATTEN EINE FETTE HOCHZEIT MIT VIELEN GÄSTEN ☐
WIR HATTEN EINE SÜSSE KLEINE HOCHZEITSFEIER ☐

Was könnt ihr erwarten:

1. Kreative Ideen
2. Tiefere Verbindung mit dem Partner
3. Nie Langeweile
4. Viel Spaß!

1. **Schreibt** und personalisiert **eure Liebesgeschichte** zusammen ☐

Handschriftlich oder über eine Webseite, auf der du dein Buch personalisieren kannst.

2. Kauft euch Mr. Und Mrs. Shirts ☐

☐ 3. Tut gemeinsam etwas GUTES

z.B. als Aushilfe in einem Tierheim oder der Tafel

4. Setzt euch zusammen und schreibt einen Brief an euren Partner in der Zukunft. Inhalt des Briefes soll sein:
☐ was ihr euch erhofft, wie eure Beziehung laufen soll
☐ was ihr an eurem Partner liebt
☐ Alles, was euch sonst noch einfällt

5. Hole deinen Partner von der Arbeit ab und ....

☐ ...lauf mit ihm nach Hause

☐ ....lade ihn zum Dinner ein

6. Macht einen Kochkurs

7. Erlernt eine NEUE FÄHIGKEIT

8. Malt Karikaturen voneinander...
...oder lasst sie malen

9. Schreibt einander einen Liebesbrief

10. Setzt euch ins Auto und fahrt IRGENDWOHIN

11. Geht zur Paarberatung/Paartherapie

Das mag etwas komisch wirken, wenn die Beziehung super läuft. Allerdings ist eine Paartherapie auch für Paare, die keine Probleme haben, eine Bereicherung für das Paarleben.

12. Findet euren persönlichen Lieblingsort
Unser Lieblingsort _____

13. Steigt in einem Hotel in eurer Stadt ab ☐

Geht auf **Entdeckungstour** in einem anderen Land ☐

Wartet im Kino, bis alle den Saal verlassen haben und nutzt die Zweisamkeit…
☐

Geht zum Dinner aus und tut, als wärt ihr andere Menschen… ☐

17. Gleicht eure Lebensziele ab ☐

18. Begleite deinen Partner auf Familienfeiern ☐

Bringt euch auch mal unter der Woche Frühstück ans Bett ☐

21. Redet über eure Ex-Partner und darüber, woran die Beziehungen gescheitert sind. ☐

22. Shopping-Time!
Geht shoppen und sucht verrückte Bekleidungsstücke, die ihr dann anzieht. Macht gerne zahlreiche Bilder von euren neuen Outfits!

Macht eine Schneeballschlacht ☐

Geht zur Paarmassage ☐

KÜSST EUCH INS NEUE JAHR REIN ☐

GEHT SCHWIMMEN ☐

26. Baut gemeinsam ein Möbelstück auf ☐

Macht eine ganze Nacht zusammen durch ☐

SPIELT EUCH MAL GEGENSEITIG EINEN STREICH ☐

Verbringt Zeit mit der **Familie des Anderen** ☐

Haltet Stille und **Nichtstun** für eine Stunde miteinander aus ☐

Guckt euch einfach in **die Augen**
- 30 Sekunden lang ☐
- 1 Minute lang ☐
- 5 Minuten lang ☐

Spart zusammen auf einen Traum hin und erfüllt ihn euch ☐

Geht zusammen einen Trinken ☐

Etabliert einen **Jour Fixe** zum Treffen
Unserer ist _____

Einen **Baum** im Garten ☐
☐ An einem geheimen Ort
☐ In einem anderen Land
Einen kleinen **Wald** pflanzen ☐

39. Erstellt ein Fotoalbum mit euren Bildern ☐

40. Auf einem Riesenrad küssen ☐

Sich Gegenseitig einen Kindheitstraum erfüllen ☐

Technikfreier Tag ☐

Technikfreies Wochenende ☐

☐ Im Restaurant Füreinander bestellen

Zusammen kochen ☐

☐ Geht auf ein Doppeldate

Schlaft auf einer Matratze vor dem Fenster ☐

☐ Schlaft auf dem Balkon

☐ Betrachtet den Sternhimmel
Und
☐ Sucht zusammen nach Sternschnuppen
☐ In der Sternschnuppennacht am 13. Dezember

☐ 51. FILMMARATHON

BERG ERKLIMMEN ☐

Ein gemeinsames Business starten ☐

54. EINEN **Wellnessurlaub** MACHEN ☐

HELIKOPTERAUSFLUG ☐

VERKOSTUNG

☐ WEIN   BIER ☐

☐ GIN   WHISKEY ☐

PICKNICK MACHEN
☐ WÄHREND EINES SONNENUNTERGANGS
☐ AUF EINER VERLASSENEN WIESE
☐ AUF EINEM BERG

Sonnenaufgang ☐ und Sonnuntergang ☐ zusammen bewundern
☐ Spazieren gehen

64. Unter **Wasser** küssen ☐
Foto mit einer Unterwasserkamera ☐

Macht eine **Nacht-Segelfahrt** ☐

Lasst euch professionell fotografieren ☐
Macht ein Fotoshooting, bei dem ihr euch gegenseitig fotografiert ☐

Lasst euch ein Partner-Tattoo stechen ☐

70. Holt euch zusammengehörige **Armbänder** ☐

Ein Besuch im **Planetarium** ☐

Ein ganzes Wochenende lang im Bett bleiben und nur kuscheln ☐

Essen gehen
    Für 200 Euro ☐
        ☐ Für 100 Euro
            Für 50 Euro ☐
              ☐ Für 20 Euro

Als zwei andere **AUSGEDACHTE PERSONEN** ausgehen ☐

Macht etwas Verrücktes zusammen ☐
Unser verrücktes Erlebnis_____

76. Geht zusammen zum ZOO und gebt den Tieren Namen
Welches Tier wärt ihr beide? ☐

----

77. Schreibt euren eigenen SONG ☐
Und nehmt ihn auf ☐

Geht zusammen Lasertag ☐ und Paintball ☐ spielen

☐ **80. Überwindet gemeinsam eine Angst**

82. DEN JAHRESTAG GEBÜHREND FEIERN ☐

Für den anderen eine **Playlist** erstellen ☐

Den Lieblingsfilm des anderen anschauen ☐

Gemeinsam einen SUSHI-KURS ☐

Malkurs ☐

Pasta- oder Pizza-Kurs machen ☐

Ins Kino ☐

Open-Air-Kino ☐

Autokino gehen ☐

91. COCKTAIL-ABEND ☐
Ein paar neue Cocktail-Rezepte ausprobieren und dann alles austrinken

Auf dem Markt eurer Stadt Sachen kaufen, die ihr noch nie probiert habt ☐

Sich gegenseitig Outfits kaufen ☐

94. Zusammen in einen Vergnügungspark gehen ☐

Sich gegenseitig **massieren** ☐

Eine neue Sprache lernen

97. Einen größeren Roadtrip über ein ganzes Wochenende machen ☐

☐ Verbringt eine Woche lang auf einer einsamen Insel

Am Strand ausreiten ☐
(Am besten beim Sonnenuntergang)

☐ Strandspaziergang

Geht zusammen
☐ Muscheln
sammeln

☐ Mit Delfinen schwimmen

Zwischen Korallenriffen schnorcheln ☐

Tauchkurs ☐
Taucht mit Schildkröten ☐

Eine Woche lang die Klamotten für den anderen raussuchen ☐

107. Eine **WETTE** mit einem hohen Einsatz abschließen ☐

Gemeinsam in einen **FKK-Bereich** gehen ☐

Macht eine Vertrauensübung ☐

110. Eine Wettliste führen

Etwas tun, das euch beiden peinlich ist ☐

Malt euch gegenseitig ☐

113. Eine Sache machen, die ihr am Anfang eurer Beziehung oft gemacht habt ☐

Macht Bilder in einem Fotoautomaten ☐

Ein DIY-Projekt in der Wohnung verwirklichen ☐

☐ Tanzwettbewerb veranstalten

In den Zirkus ☐
Zu einem Konzert ☐
Zu einem Festival gehen ☐

120. Gemeinsam ein neues, EXOTISCHES REZEPT ausprobieren ☐

Das gleiche Buch lesen und sich danach darüber austauschen ☐

Ein Wochenende lang das **Handy und den Computer** ausschalten ☐

Ein **Touristenprogramm** in der eigenen Stadt machen ☐

Einen Tag mit Picknick und Decke auf einer abgeschiedenen Wiese verbringen ☐

125. Eine Wand in der Wohnung neu streichen ☐

Ein Puzzle zusammen machen ☐

Zusammen ein Schaumbad nehmen ☐
Mit Wein und Essen ☐

129. Bodypainting ☐
Malt euch gegenseitig eure Körper an

Erdbeeren PFLÜCKEN GEHEN ☐

DANACH **Erdbeer-Marmelade** MACHEN ☐

BESTIMMT **ZWEI FEIERTAGE**, DIE NUR IHR PERSÖNLICH FEIERT ☐
UNSERE SIND

Geht zur Eisdiele und esst so viele Kugeln, wie ihr nur essen könnt, aus einem Eisbecher ☐

MACHT EINEN ROMANTISCHEN KURZURLAUB ☐

Macht eine Tour durch ein Weinanbaugebiet ☐

GUCKT EUCH EURE KINDERBILDER AN ☐

137. Guckt euch alle eure **Bilder, Videos und Briefe** zusammen an ☐

Geht auf eine Safari-Tour ☐

Auf einem Elefanten reiten ☐

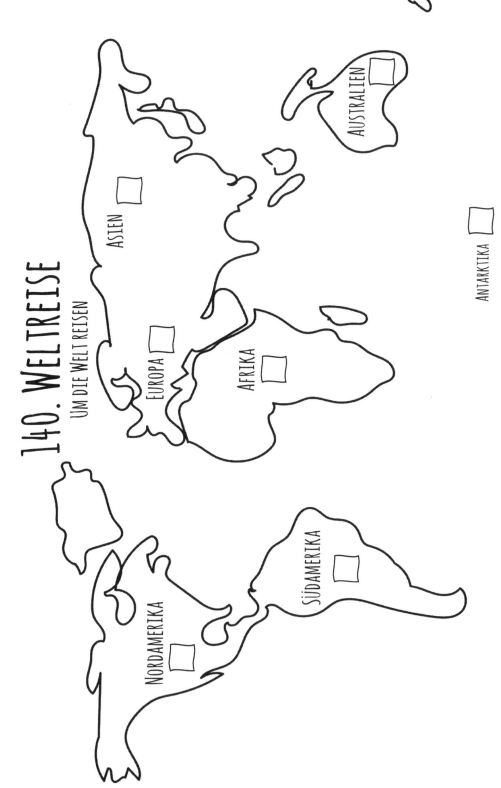

141.

Geht zusammen **DUSCHEN** ☐

Macht einen ☐
Serienmarathon

Erfüllt einen **WUNSCH** des anderen ☐

☐ Macht **EINEN TAG** lang nur das, was der **ANDERE** möchte

145. Geht Eislaufen ☐

Geht Bowlen ☐

Bringt einander **FÄHIGKEITEN** bei, die der andere Partner nicht hat ☐

Im Partnerlook vor die Tür gehen ☐

Backpacking ☐

150. Die **Nordlichter** sehen ☐

151. Silvester im Ausland feiern

Eine gemeinsame Playlist mit euren Liedern erstellen ☐

An Karneval im Partnerkostüm aufkreuzen ☐

Geht zusammen zum HOLY FESTIVAL ☐

Ein Gedicht für den anderen schreiben ☐

156. Eine Fahrt im Heißluftballon

Ein Kaminfeuer in einer verschneiten Schneehütte genießen

☐

Zelten gehen ☐

☐ Romantisches Lagerfeuer
☐ Am Lagerfeuer kuscheln

Sich den Titel für die eigene gemeinsame Biografie überlegen ☐

Hier könnte euer Titel stehen:

Ein Selbstportrait malen ☐

Eine Woche ohne Uhrzeit leben ☐

164. Ein Baumhaus bauen ☐

Sich spontan auf einen Kurztrip einlassen ☐

166. Eine Flaschenpost verschicken ☐

Einen Tag im Bett verbringen ☐

168. Sich für den Partner ein Lied im Radio wünschen ☐

☐ Die **Haarfarbe** wechseln

170. Unter einem **WASSERFALL** baden ☐

Auf einem Ruderboot picknicken ☐

Eine Geheimsprache entwickeln ☐

173. Ein **Kochrezept** kreieren ☐

Ein Haustier aus einem Tierheim adoptieren

☐

5 Wörter Spiel

Der Partner muss die genannten Wörter in einem Gespräch mit jemand anderem einbringen ☐

Allgemeinwissen-Quiz

Wettbewerb: Wer von euch weiß mehr? ☐

Mit einem Van einfach 2 Wochen wegfahren ☐

☐ 2 Wochen in einer abgelegenen Hütte

ohne Internet, Handy, Elektronik verbringen

Zusammen eure **erste gemeinsame Steuererklärung** machen ☐

180. Nochmal das erste Date nacherleben ☐

Eine Woche lang nur **Grünes** essen ☐

Euch die Zukunft vorhersagen lassen ☐

5-Gänge-Menü kochen und essen ☐

Im Dunkeln essen ☐

185. Ein gemeinsames Hobby finden ☐

Zusammen eine Sportart beginnen ☐

Ziele für
 5 Jahre ☐
 10 Jahre ☐
 15 Jahre festsetzen ☐

Buch zusammen lesen und zusammen Kakao trinken ☐

Fallschirmspringen ☐

190. Tandem fahren ☐

Eine Fahrradtour machen ☐

EIGENE KERZE ZUSAMMEN KREIEREN ☐

☐ STREETFOOD FESTIVAL BESUCHEN

194. Eigenen Cocktail KREIEREN
UND IHM EINEN NAMEN GEBEN ☐

Kräutergarten anlegen ☐

196. Wandern gehen ☐

ÜBERNACHTEN IN ☐
EINEM IGLU AUF DER ZUGSPITZE
☐ EINEM BAUMHAUS
EINER ABGELEGENEN HÜTTE ☐

EIGENE PIZZA KREIEREN ☐

☐ Schenkt euch Sterne und gibt ihnen Namen

200. Übernachtet unter freiem Himmel ☐

Sauna-Tag ☐

Eigene **SAUNA** mieten ☐

Entspannung

Kleine Statuen voneinander machen lassen ☐
Mit einem **3D Drucker** ☐

Skulptur eurer Hände machen lassen ☐

Peppt zusammen eure **Wohnung/ Haus** auf ☐

206. Eigenes Parfum kreieren ☐

Macht ein „Passen wir gut zusammen"-Quiz ☐

Informiert euch, ob ihr laut euren Sternzeichen zusammen passt ☐

☐ Karaoke-Duett
☐ Karaoke-Duell

Macht eine Fragenacht, in der ihr euch gegenseitig intime Fragen stellt ☐

 Upcycelt irgendetwas zuhause ☐

213. Geht zusammen auf eine Demonstration ☐

Tut euer **Kleingeld**, das ihr die ganzen Jahre gesammelt habt, zusammen, wechselt es in Scheine um und tut nach belieben mehr Geld dazu und **spendet** das ganze Geld einer Organisation eures Vertrauens ☐

Mistet zusammen euren Kleiderschrank aus und spendet überflüssige Kleider ☐

216. Haare schneiden lassen so, wie es der Partner will ☐

Gegenseitig die **HAARE SCHNEIDEN** 🔲

Eine neue Ernährungsweise kennenlernen und diese für einen Monat zusammen durchstehen 🔲

1 Gewohnheit zusammen ändern 🔲

🔲 220. Eine gemeinsame Gewohnheit erfinden

🔲 Gegenseitig Schminken

🔲 Bei einem anstrengenden Tag den Partner überraschen

Den ganzen Tag nur Kuscheln 🔲
Mit einer Profikuscheldecke 🔲

Den Partner erschrecken 🔲

225. Fragerunden

Setzt euch zusammen, nehmt euch einen Abend frei, besorgt euch Essen und etwas zu trinken und genießt die Fragen! Beide Partner beantworten alle Fragen.

Es gibt verschiedene Fragerunden, die ihr gerne aufteilen könnt. Es gibt 2 Kategorien:

1. Kennenlern-Fragen
2. Sexuelle und perverse Fragen

Fragerunde 1: Kennenlernfragen

1. Was war dein erster Eindruck von mir?
2. Was hat dein Interesse an mir geweckt?
3. Wie sieht deine perfekte Frau/ dein perfekter Mann aus?
4. Was magst du an mir nicht? Welche Eigenschaften oder Gewohnheiten magst du nicht? Warum?
5. Wenn du einen Grund nennen müsstest, was wäre der Grund, die Beziehung mit mir zu beenden?
6. Welchen Körperteil magst du am meisten an mir? Warum?
7. Welchen Charakterzug findest du am schönsten an mir? Warum?
8. Wenn ich für Jahre wegziehen müsste, würdest du auf mich warten?
9. Wer war deine erste Freundin? Und in welchem Alter wart ihr?
10. Möchtest du eines Tages Kinder haben?
11. Wenn ja, in welchem Alter würdest du Kinder bekommen wollen und wie viele?
12. Siehst du mich in deiner Zukunft?
13. Was magst du an dir selbst nicht? Warum?
14. Wie oft warst du verliebt?
15. Wie viele Beziehungen hattest du vor mir? Und wie lange gingen sie?
16. Warum haben die Beziehungen nicht gehalten?
17. Bist du ein eifersüchtiger Mensch?
18. Was hat dich am meisten im Leben geprägt und zu dem gemacht, was du heute bist?
19. Was sind deine Zukunftspläne?

Reichtum ☐   Karriere ☐   Gute Freundschaften ☐   Glücklichsein ☐

1. Was würdest du tun, wenn dein bester Freund mich nicht mögen würde?
2. Hast du mich jemals angelogen? Und würdest du es mal tun, wenn es nur eine kleine Lüge wäre, die die Situation verbessert?
3. Wie würdest du damit umgehen, wenn wir ein Kind mit besonderen Bedürfnissen hätten?
4. Was sind deine finanziellen Ziele für die Zukunft?
5. Bin ich für dich der/ die Richtige?
6. Bist du religiös?
7. Was würdest du tun, wenn ich schwanger wäre? Würdest du bei mir bleiben, wenn ich mich entscheiden würde, das Kind zu behalten?
8. Was würdest du tun, wenn ich fremdgegangen wäre und es bereuen würde? Würdest du mir vergeben?
9. Wofür schämst du dich?
10. Was ist deine Definition von intim?
11. Was ist deine Definition von der perfekten Beziehung?
12. Was ist dein Hauptziel im Leben?
13. Was ist dein Lieblingsbuch?
14. Was ist dein Lieblingslied?
15. Wie würdest du dich in 3 Worten beschreiben?
16. Wie würdest du mich in 3 Worten beschreiben?
17. Wer ist dein Held?
18. Was ist für dich im Leben am wichtigsten?
19. Welche Fragen würdest du beim ersten Date stellen?
20. Hast du schlechte Angewohnheiten?

1. Hattest du jemals das Gefühl, beobachtet zu werden?
2. Was ist die verrückteste Sache, die du je gemacht hast? Was die peinlichste? Was ist eine Tat, auf die du Stolz bist?
3. Was würdest du tun, wenn du der letzte Mensch auf dieser Erde wärst?
4. Welche drei Dinge würdest du auf eine einsame Insel mitnehmen?
5. Was war deine intimste Erfahrung?
6. Wer war dein engster Partner/ bester Freund?
7. Würdest du dich eher als rationalen oder als emotionalen Menschen bezeichnen, wenn du dich entscheiden müsstest?
8. Denkst du, dass die Vergangenheit deines Partners/ deiner Partnerin unwichtig für die Beziehung ist?
9. Hast du jemals ein Verbrechen begangen?
10. Wie findest du meine Familie?
11. Glaubst du an Liebe auf den ersten Blick?
12. Magst du meine Freunde?
13. Wie würdest du handeln, wenn ich mich mit einem deiner Freunde nicht verstehe?
14. Wie erinnerst du dich an deine „erste Liebe"?
15. Was muss deiner Meinung nach nach einer Trennung geschehen? Vollkommener Kontaktabbruch mit der/ dem Ex oder ist Kontakt O.K.? Wie sollte man sich der Ex/ dem Ex gegenüber verhalten?
16. Bedauerst du es, diese Zeit mit deinem Ex-Partner verbracht zu haben?
17. Was bedeutet für dich "Fremdgehen"? Wo bzw. ab wann ist die Schwelle zum Fremdgehen erreicht?
18. Glaubst du an Vergeltung oder an Vergebung?
19. Man sagt, dass man immer nur zwei der 3 Kategorien im Leben gleichzeitig haben kann, welche 2 wären deine:

Soziales Leben ☐   Karriere/ Lernen ☐   Schlaf ☐

1. Was glaubst du, ist dein größtes Talent?
2. Welche Angewohnheit von deiner Kindheit hast du immer noch?
3. Wie entspannst du dich nach einem anstrengenden Tag?
4. Warum bin ich der oder die eine für dich?
5. Was ist der beste Lebensratschlag, den du je erhalten hast?
6. Worauf freust du dich jeden Tag?
7. Was waren deine Lieblingsmomente in unserer Beziehung?
8. Was sollte ich öfters tun?
9. Welchen wertvollen Besitz würdest du niemals aufgeben?
10. Was hat dir früher nicht gefallen, tut es aber jetzt?
11. Welches Alter würdest du für immer beibehalten wollen und warum?
12. Beschreibe unsere Beziehung, mich und dich in einer Farbe.
13. Welche beliebige Fähigkeit würdest du auswählen, wenn du könntest?
14. Was wäre etwas, was du an der Welt heute ändern willst?
15. Was ist deine schönste Erinnerung aus deiner Jugendzeit?
16. Welchen Film bereust du, geschaut zu haben?
17. Was war die größte Chance, die du jemals erhalten hast?
18. Was ist deine schönste Erinnerung an deine Eltern?
19. Deine wertvollste Lektion beim Erwachsenwerden?
20. Wann wusstest du, dass du mich liebst?
21. Was macht dich immer glücklich?
22. Du erhältst 1 Million Euro, was machst du damit?
23. Was willst du bei der Kindererziehung anders machen als deine Eltern?

Fragerunde 2: Sexuelle Fragen

1. Guckst du Pornos und wie viel?
2. Hast du einen Lieblings-Pornostar und Wer ist es?
3. Wenn du Pornos schaust, was ist zurzeit deine Lieblingskategorie?
4. Hast du mich jemals betrogen?
5. Hattest du mal eine rein sexuelle Beziehung mit jemandem?
6. Wann und wie war dein erster Kuss?
7. Wann und wie war dein erster Sex?
8. Wie würdest du eine gute sexuelle Beziehung definieren? Wie viel Sex in der Woche wäre optimal? Und wie lange sollte er sein?
9. Was ist deine Vorstellung von dem perfekten Vorspiel? Wie lange sollte es sein?
10. Mit wie vielen Menschen hast du geschlafen?
11. Wenn du die Gelegenheit hättest, mit welcher Berühmtheit würdest du schlafen? Warum?
12. Wenn du die Gelegenheit hättest, mit welchem meiner Freunde würdest du schlafen?
13. Hattest du jemals eine Geschlechtskrankheit?
14. Wo kann ich mich beim Sex noch verbessern? Wie wäre unser Sex perfekt?
15. Was macht Dich beim Sex besonders an?
16. Deine peinlichste sexuelle Erfahrung?
17. Liebst du Quickies? Oder magst es eher lang?
18. Was ist deine liebste Sexposition?
19. Was ist eine deiner Fantasien?
20. Wo magst du **Sex am liebsten**?
21. Wo war der ungewöhnlichste Ort, an dem du jemals Sex hattest?
22. Lieber nackt oder Dessous?

1. Kannst / Könntest du Sex und Gefühle trennen?
2. Blümchensex oder Kamasutra oder hardcore?
3. Lieber doggy oder cowgirl?
4. Sex mit Augenbinde?
5. Hast du Bondage ausprobiert? Willst es mal ausprobieren?
6. Würdest du mal einen Dreier haben wollen? Oder sogar Gruppensex?
7. In welcher Kombination würdest du den Dreier haben wollen?
8. Magst du Sexspielzeuge beim Sex oder lieber ohne?
9. Rasiert oder unrasiert?
10. Willst du selbst im Bett lieber dominant oder unterwürfig sein?
11. Wie findest du Sex im Auto?
12. Wie findest du Sex im Büro?
13. Könntest du dir vorstellen, mit einem gleichgeschlechtlichen Partner mehr oder sogar Sex zu haben?
14. Was törnt dich im Bett total ab?
15. Wie sieht der perfekte Sex, also Vorspiel etc., für dich aus?
16. Was war deine lustigste Sexpanne?
17. An welchem Ort würdest du gerne mal Sex haben?
18. Willst du beim Sex immer auch, dass der/ die Partner/in kommt?
19. Redest du mit deinen Freunden über dein Sexleben? Wenn ja, wie viel davon erzählst du?
20. Lieber für immer oralen oder vaginalen Sex?
21. Wie sieht der perfekte Blowjob/ das perfekte Lecken für dich aus?

1. Welche meiner Körperstellen macht dich am meisten an?
2. Was turnt dich im Bett sofort ab?
3. Was turnt dich im Bett sofort an?
4. Welche **Sexspielzeuge** hast du schon benutzt?
5. Welches Spielzeug würdest du gerne mal ausprobieren?
6. **Für die Partnerin:** Nippel lecken, beißen, anfassen oder knabbern?
7. **Für den Partner:** Hoden lutschen, kraulen oder gar nichts machen?
8. Hast du dich schon einmal beim Geschlechtsverkehr gefilmt und würdest du es (nochmals) in der Zukunft machen?
9. Hattest du schon einmal ein sexuelles Rollenspiel? Wenn ja, welches war es?
10. Welche Rollen hätten wir in unserem Rollenspiel?
11. Was ist das ultimative Rollenspiel für uns?
12. Beschreibt euren perfekten Kuss.
13. Wie stehst du zu **Dirty Talk**? Was kann man dir sagen, um dich anzumachen?
14. Hast du einen geheimen Fetisch?
15. Wie stehst du zu Analsex?
16. Würdest du jetzt mit mir Sex haben wollen? Wenn ja, beschreibe genau, wie!

Wirklich witzige Dinge, die ihr machen solltet

Macht lustige Weihnachtskarten, die ihr ☐
an alle eure Verwandten schickt

Macht einen Essenswettbewerb ☐
Wer die meisten Hot Dogs isst, gewinnt!

☐ Lernt zusammen Jodeln

Züchtet Kristalle, ☐
die wie eure Anfangsbuchstaben aussehen

Geht zusammen Vögel beobachten
Vergesst nicht eure Ferngläser!
☐

Ein paar sexuelle Ideen:

1. Probiert eine Sex-Position aus, die ihr noch nie zuvor ausprobiert habt ☐

2. Habt Sex irgendwo anders als im Bett ☐

3. Habt Stillen Sex ☐

4. Habt super lauten Sex ☐

5. Habt Sex im Auto

 ☐

6. Habt ☐ Wiedergutmachungs**sex**

7. Habt Sex auf einer Sexschaukel ☐

8. Sex in völliger Dunkelheit ☐

☐ 9. Sex im Wasser

10. Habt einen Quickie ☐

11. Sex mit Eiswürfeln

☐

12. Macht Yoga zusammen, aber nackt

MASTURBIERT VOREINANDER
13

14. Bringt euch gegenseitig nur mit den Händen zum Kommen

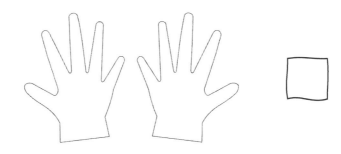

15. *Habt super langsamen Sex* ☐

Rollenspiel ☐

Wählt euch ein Thema aus (z. B. Polizist und Regelbrecher). Dann schreibt dem jeweils anderen Partner eine persönliche Beschreibung der Rolle.

17. Bestellt ein Sexspielzeug, das ihr beide noch nie ausprobiert habt ☐

18. Zeichnet die Genitalien eures Partners
☐

19. Habt umfangreichen Oralsex

Verwöhnt euch gegenseitig ausgiebig mit Mund, Lippen und Zunge. Fellatio ist ein Synonym für Blowjob, während Cunnilingus bedeutet, dass er sie oral befriedigt.

CUNNILINGUS

20. Habt Sex vor einem Spiegel

21. Habt nackt eine Massage mit heißen Steinen

Vorsicht mit den heißen Steinen!

Beantwortet die folgende Frage:
Was bedeutet Sex für euch?

Partner 1

_____
_____
_____
_____
_____
_____
_____
_____
_____

Partner 2

_____
_____
_____
_____
_____
_____
_____
_____
_____
_____

Unsere Fantasien

Notiert eure Fantasien!

Partner 1

Sprecht jetzt über eure Fantasien und spielt sie aus!

Erzählen und Ausspielen der Fantasien kann sehr einschüchternd sein. Nicht jeder hat eine Fantasie. Aber wenn du eine hast, von dem dein Partner noch nichts weiß, dann ist es wichtig, sie deinem Partner zu erzählen!

Laut einer Studie wiederholen sich die meisten Fantasien tatsächlich sehr häufig und sind somit fast schon keine Fantasien mehr! Also worauf wartet ihr?

Negativitäts-Dusche ☐

Kauft euch Körperfarbe. Offenbart eurem Partner eure Unsicherheiten und lasst ihn/ sie diese Unsicherheiten auf euren nackten Körper schreiben, sodass der Körper beider von eigenen Unsicherheiten gefüllt ist. Jetzt geht zusammen duschen und wascht Körperfarbe und damit eure Unsicherheiten zusammen weg!

Was war der beste Teil dieser Challenge? Was habt ihr beide gelernt?

_____
_____
_____
_____
_____
_____

Vorspiel-Party ☐

Vorspiel, Vorspiel, Vorspiel!

Habt eine Stunde lang nur Vorspiel. Ja. Eine Stunde keinen Sex, nur Vorspiel. Nach einer Stunde könnt ihr dann Sex haben. Das wird euch beide in den Wahnsinn treiben!

Viele Menschen – vor allem in einer langfristigen Beziehung – vergessen, wie wunderbar und wichtig Vorspiel sein kann. Offensichtlich ist ein Quickie immer mal spannend, aber manchmal ist das Sich-Zeit-Nehmen der Schlüssel zum Spaß!

27. Date Night Pläne

Dates sind wichtige Aktivitäten für Paare, die man nie aufgeben sollte. So entflieht ihr eurer gewohnten Routine und könnt euch für ein paar Stunden aufeinander konzentrieren.

Die Challenge ist folgende: Beide Partner planen einen tollen Abend separat voneinander. Ihr wählt euch dann zwei Tage der Woche aus, an denen ihr eure Pläne umsetzen wollt. Beide Partner müssen außerdem ein Sexspielzeug wählen, das sie in der Nacht/ am Abend verwenden wollen. Der Kauf eines neuen Sexspielzeugs wird es noch mehr zu einer Überraschung für den Partner machen!

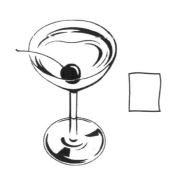

Sexuelles Verlangen

Schreibt beide auf ein separates Papier, was genau euer sexuelles Verlangen weckt und was genau euch an dem Partner anmacht.

Schreibt alles auf und erstellt eine Liste. Jetzt tauscht die Papiere aus und lest sie leise, während ihr beide nackt nebeneinander sitzt. Redet gerne darüber, entspannt euch und fasst euch dabei an. Tut dann beide Papierstücke in einen Umschlag und klebt ihn in dieses Buch.

Den Brief hierhin kleben

29. Sex den ganzen Tag ☐

Ihr setzt einen Tag fest, an dem ihr nichts macht und Zeit habt, den ganzen Tag im Bett zu verbringen!

Habt so viel Sex und Orgasmen, wie ihr den ganzen Tag könnt. Wenn ihr erschöpft seid, legt euch nackt ins Bett und schaut einfach gemeinsam einen Film. Dann habt wieder Sex!

30. Sexuelle Kontrolle ☐

Wählt den Partner per Zufall aus, der die Macht über die Orgasmen des anderen Partners haben soll. Der Partner, der die Kontrolle über die Orgasmen des Partners erhält, sollte entscheiden, ob und wann der Partner zum Orgasmus kommen darf. Gerne kann hier der kontrollierende Partner den anderen Partner dauerhaft sexuell erregen!

Das gibt dem Sex eine ganz neue Dimension und trainiert die Selbstkontrolle. Wechselt beim nächsten Mal die Rollen.

31. Tantra Sex ☐

Tantra-Sex kann die Verbindung zwischen euch stärken. Es ist eine alte indische Sex-Praxis, die für die intensive sexuelle und intime Erfahrung bekannt ist, die sie bieten kann. Um tantrischen Sex zu haben, müsst ihr euch wirklich Zeit nehmen und die sexuelle Energie zwischen euch aufbauen lassen. Beim Tantrischen Sex dreht sich alles um euch beide.

Kauft euch ein Buch darüber und startet jetzt eure tantrische Reise!

Longam

Yoni

32. BODYPAINT SPAß ☐

Holt euch Körperfarbe! Zeichnet jetzt alles, was euch gefällt, auf eure nackten Körper.
Das macht total Spaß und ist ein schönes Vorspiel vor jedem Sex!
Es macht noch mehr Spaß mit fluoreszierenden Körperfarben.
Oder verwendet Schokoladen-Körperfarbe, die ihr gegenseitig von euren Körpern ablecken könnt!

33. Herzrasen ☐

Wenn wir erregt sind, steigt unsere Herzfrequenz. Das kann man nutzen, um Spaß zu haben! Kauft euch beide ein Herzmonitor-Armband. Der Partner, der den Herzmonitor trägt, sollte versuchen, so ruhig wie möglich zu bleiben, während der andere Partner versuchen muss, die Herzfrequenz des Partners steigen zu lassen, indem er mit allen Mitteln versucht, ihn/sie anzumachen. Nachdem das Ziel erreicht ist, tauscht die Rollen!
Schreibt auf, wer es schneller geschafft hat!

_____ _____

Seid euer eigener ✂ ☐ Schamhaar Friseur

Holt euch eine Schere und einen Rasierer und beginnt, eure Haare in eine Form zu trimmen. Hier sind einige unserer Favoriten als kleine Inspiration:

35. Habt Sex mit aromatisiertem Gleitgel oder Kondom ☐

Tipp: Ihr könnt auch Kondome mit Noppen oder sogar ein Kondom verwenden, das leuchtet, sobald es dunkel wird!

36. Geht skinny dipping ☐

Wachs-Spiel ☐

Warme Temperaturen sind perfekt für die Erregung. Nehmt jedoch nicht übliche Kerzen, weil sie wirklich wehtun können! Es gibt dafür speziellen Spielwachs. Benutzt nun den Wachs, um eure Körper zu erregen!

38. Verbringt einen ganzen Tag ☐ nackt zusammen

Nackt zusammen kochen ☐

Schreibt eure eigene erotische Fanfiction

Es ist Zeit, eine sexy erotische Fanfiction von euch zu schreiben. Seid dabei kreativ und taucht zusammen in eine neue Welt ein!

☐ 41. Kauft einen Erotikroman und lest ihn euch laut vor

Jeder Partner wählt einen erotischen Roman aus und liest ihn laut vor. Wechselt euch ab. Wer weiß, vielleicht möchtet ihr ein oder zwei davon nachmachen?

42. Zusammen alt werden ☐

Für eigene Bucket-List-Ideen:

Idee ☐

_____

Idee ☐

_____

Idee ☐

_____

Idee ☐

_____

Idee ☐

_____

Für eigene Bucket-List-Ideen:

Idee

_____

_____

Idee

_____

_____

Idee

_____

_____

Idee

_____

_____

Idee

_____

_____

Für eigene Bucket-List-Ideen:

Idee

_____ ☐

Idee

_____ ☐

Idee

_____ ☐

Idee

_____ ☐

Idee

_____ ☐

Für eigene Bucket-List-Ideen:

Idee

_____

Idee

_____

Idee

_____

Idee

_____

Idee

_____

Reflexionszeit

Wie war es, die Herausforderungen zu meistern?

_____
_____
_____
_____
_____
_____

Was hat sich verändert zwischen euch?

_____
_____
_____
_____
_____
_____
_____
_____
_____
_____
_____
_____

Was habt ihr voneinander gelernt?

Welche Challenges haben euch am besten gefallen und werdet ihr sie wiederholen?

Auf DICH warten zwei weitere tolle Ideenlisten voller kreativer und origineller Aufgaben und Challenges!

Scan mich!

SCHWANGER SEIN
Ist für nen guten Zweck

MEHR ALS 100 DINGE, DIE DU UNBEDINGT ALS SCHWANGERE MACHEN SOLLTEST

AUDREY STEPHENS

Die Ideen in dtfsfm Ideenbuch können nicht anders beschrieben werden als mit den Worten: **Kreativ, originell und einzigartig!**

Oft ist Schwangerschaft eine der schönsten, aber auch anstrengendsten Zeiten. Jede Woche etwas Neues zusammen auszuprobieren oder auch einfach eine große Liste mit Ideen zu haben, macht die Zeit in der Schwangerschaft viel schöner, abwechslungsreicher und spaßiger. **Was dich also erwartet:**

- Mehr als 100 tolle und einzigartige Ideen bzw. Aufgaben zum Nachmachen
- Viele einzigartige Seiten zum Ausfüllen
- Fragerunden – Fragen für einen entspannten Abend zum Connecten miteinander
- Mit Liebe und Humor geschrieben!

ODER DIE S** BUCKET LIST FÜR PAARE...

ISBN: 979-8671617573

Was du erwarten kannst:
- „OUT OF THE BOX" kreative Ideen für Paare
- **Humorvoll** geschriebenes Ideenbuch
- Mehr als 100 Sex Bucket List Ideen, sexuelle Erfahrungen für Sie und Ihren Partner mehr als 100 Dinge, die jedes Paar einmal gemacht haben sollte
- Eine Liste der Sexspielzeuge, die Sie haben müssen
- Eine Liste von 102 Sexualpositionen zum Ausprobieren
- Abschnitt zur Reflexion zusammen
- Beste Urlaubsorte für sexuell abenteuerlustige Paare

Printed in Poland
by Amazon Fulfillment
Poland Sp. z o.o., Wrocław